ABC yr OPERA

ACADEMI BENWAN Y CYFANSODDWYR

Croeso i'r BARÓC

Mark Llewelyn Evans
Lluniau gan Karl Davies

Addasiad gan Anwen Pierce

GRAFFEG

Sut yn y byd gawson ni'r syniad am lyfr o'r fath?

Ai oherwydd fod fy mam, 'Liz y Lyric', wedi penderfynu achub theatr? Ai oherwydd i mi hyfforddi i fod yn ganwr opera yn Ysgol Gerdd a Drama y Guildhall, neu oherwydd na chefais i astudio llenyddiaeth Saesneg yn yr ysgol am fod fy sillafu mor wael? Gallwn restru'r rhesymau, ond byddai hynny'n ddiflas ...

Y gwir reswm yw oherwydd fy annwyl Myfi. Fel pob plentyn, roedd fy merch yn GWIRIONI ar gael stori cyn cysgu. 'Dadi, dwi am i ti greu stori!' oedd ei chri ddiddiwedd. Byddem yn cael cwtsh bob nos, gan adael y llofft fach a dianc ar anturiaethu ledled y byd, gan gwrdd â thylwyth teg, arwyr, brenhinoedd brawychus, pysgod parablus ... a llawer mwy. Aeth yr arfer ymlaen am bymtheg mlynedd, fwy neu lai!

Diolch, Myfi, am wrando ar fy storïau ac am fy annog i ddal ati. Diolch, Mam a Dad, am fynd â mi i'r theatr, lle dylai pob plentyn gael anturiaethau di-ri, a diolch i'r holl bobl ifanc dwi wedi cwrdd â nhw drwy ABC yr Opera sydd wedi fy ysbrydoli i wirio fy sillafu ac adrodd y stori ryfeddol hon, sydd bron â bod yn stori wir.

Mark Llewelyn Evans

ABC yr Opera, Academi Benwan y Cyfansoddwyr: Y Baróc. Cyhoeddwyd ym Mhrydain yn 2020 gan Graffeg Cyf.

ISBN 9781913134266

Testun gan Mark Llewelyn Evans, hawlfraint © 2020. Lluniau gan Karl Davies, hawlfraint © 2020. Deunydd ychwanegol gan Lorraine King. Addasiad Cymraeg gan Anwen Pierce.

Cynlluniwyd a chynhyrchwyd gan Graffeg Cyf. hawlfraint © 2020

Graffeg Cyf., 24 Canolfan Fusnes Parc y Strade, Heol Mwrwg, Llangennech, Sir Gaerfyrddin, SA14 8YP Cymru, DU. Ffôn 01554 824000 www.graffeg.com

Mae Mark Llewelyn Evans a Karl Davies wedi datgan eu hawl, yn unol ag adran 77 o Ddeddf Hawlfraint, Dyluniadau a Phatentau 1988, i gael eu cydnabod fel awdur a darlunydd y llyfr hwn.

Mae cofnod catalog CIP y llyfr hwn ar gael o'r Llyfrgell Brydeinig.

Cedwir pob hawl. Ni chaniateir atgynhyrchu unrhyw ran o'r deunydd hwn na'i throsglwyddo ar unrhyw ffurf neu drwy unrhyw fodd, electronig neu fecanyddol, gan gynnwys llungopïo, recordio neu drwy gyfrwng unrhyw system storio ac adfer, heb ganiatâd ysgrifenedig y cyhoeddwr.

1 2 3 4 5 6 7 8 9

Argraffiadau print:
ABC of Opera – Baroque clawr caled
ISBN 9781912213863 £12.99

ABC of Opera – Baroque clawr meddal
ISBN 9781913134280 £7.99

ABC yr Opera – Baróc clawr meddal
ISBN 9781913134266 £7.99

Argraffiadau eLyfr:
ABC of Opera – Baroque
ISBN 9781913134440 £7.99

ABC yr Opera – Baróc
ISBN 9781913634285 £7.99

CYNNWYS

1. Y Neuadd Ddirgel — 4
2. Yr Academi — 12
3. Yn y Dechrau — 16
4. Maestro Monte — 22
5. Francesca Fantastica — 26
6. Ledled y Byd — 28
7. Doc Blow a Purcell Perffaith — 30
8. Handel Hanfodol — 32
9. Lully Anlwcus — 34
10. A Oes Dyfodol i'r Opera? — 37
11. Cromwell Creulon — 40
12. Arwyr yr Opera! — 46
13. Dod yn Ôl — 49
14. Megis Dechrau! — 54

Y Cyfnod Baróc (1597–1750) — 56
Mathau o Leisiau — 57
Y Cyfansoddwyr — 58
Cyfansoddwyr Baróc Eraill — 61
Cwrdd â'r Criw — 63
Cwestiynau ac Atebion — 64

PENNOD 1
Y Neuadd Ddirgel

Ar draws y bont ac i fyny'r ffordd droellog sy'n dringo uwchben pentref **Pontirgorffennol** y mae hen neuadd sydd wedi mynd â'i phen iddi. Slawer dydd, llenwai hon galonnau'r pentrefwyr â hapusrwydd a chân, ond bellach, dim ond y gwynt sy'n troelli rhwng y muriau. Roedd **Jac** a **Megan** yn ffrindiau gorau, ac yn benderfynol o wybod mwy am y neuadd ddirgel. Felly un noson, dyma nhw'n mentro drwy'r gatiau rhydlyd. Doedd dim troi yn ôl bellach.

'Megan, wyt ti'n gall? Mae hwn yn syniad ofnadwy. Gawn ni fynd adre?' plediodd Jac.

'Paid â bod yn **FABI**,' dwrdiodd Megan, gan dynnu ar lawes ei siwmper.

'Beth os oes bwci bo yno?' holodd Jac.

'BW!' gwaeddodd Megan.

'STOPIA!' llefodd Jac.

'Dere nawr, mae dy fam-gu'n dweud bod y lle 'ma dros **150** oed ac yn llawn trysor a straeon – awn ni i ymchwilio!'

'Dwi'n meddwl mai Mam-gu sy'n 150 oed!' meddai Jac.

Ac felly, yn llawn chwilfrydedd, dringodd y plant dros y gât sigledig, mynd ar flaenau eu traed at y drws mawr, bregus a'i wthio ar agor efo **gwiiiich** uchel.

Yn betrus, camodd y ddau i'r neuadd, eu calonnau'n curo fel drwm timpani enfawr, BWM ... BWM ... **BWM!**

Pontirgorffennol – sef pont i'r gorffennol ... clyfar, yndê?

'Mae hyn moooor frawychus,' meddai Megan wrth gerdded i'r cysgodion.

'Mae'n rhy frawychus i mi – dwi'n mynd!' Trodd Jac ar ei union ond baglodd ar styllen wedi pydru.

'Wwwow... HEEELLp!!'

Estynnodd Megan ei llaw i helpu ei ffrind, ond roedd yn rhy hwyr. **Wwwwwsh! I lawr ac i lawr ac i lawr** syrthiodd y ddau, gan ddeffro Cist, unig breswylydd y neuadd. Byddai'r ddau wedi torri braich neu goes, heb os, ond roedd yr hyn ddigwyddodd nesa'n rhyfeddol. Fel petai wedi bod yn aros amdanyn nhw, agorodd Cist ei gaead, a syrthiodd y ddau ffrind i'w waelod yn un swp.

'Wyt ti'n iawn, Jac?' holodd Megan.

'Dwi'n meddwl 'mod i,' atebodd Jac, a'i ben yn troi.

'A-ha, **POBL, O'R DIWEDD!**'

'Pwy ddeudodd hynna?' sibrydodd Megan.

'Y **BWCI BO!**' crynodd Jac.

'Ro'n i'n dechrau meddwl bod pawb wedi anghofio amdana i, ond agorais fy nghaead pan glywais i chi'n gweiddi am **HEEEEEELLPP!**'

Edrychodd y plant ar ei gilydd ac yna ar y gist.

'Y ... y ... gist ... mae'n siarad!' meddai Megan mewn syndod.

'Siarad?' torrodd Cist ar ei thraws. 'Dwi'n medru siarad **43** iaith, wyddoch chi. Iaith y **Chamicuro** yw fy ffefryn, a dim ond **8** ohonon ni siaradwyr sydd ar ôl, gwaetha'r modd. Dwi wedi bod yn aros i gael fy achub, a dyma chi!'

Chamicuro – pobl frodorol Periw yn Ne America yw'r Chamicuro. Mae eu hiaith mewn perygl o ddiflannu'n llwyr.

Doedd y plant ddim yn gallu credu beth oedd yn digwydd.

'Gadewch i mi esbonio,' meddai Cist. **'40** mlynedd yn ôl, ar ddiwedd y gyngerdd ola yn y neuadd hon, cefais fy nghloi yn y selar ar ddamwain. Ers hynny, dwi wedi bod ar fy mhen fy hun, am yr hooooll amser. Ond ta waeth am hynny – ry'ch chi yma nawr a does dim eiliad i'w gwastraffu, ddim hyd yn oed **hanner lled hanner cwafer!** Dewch – rhaid i ni deithio ar **gyflymder uwchlwminaidd!'**

> Hanner lled hanner cwafer yw'r nodyn cerddorol byrraf, sef y 64ydd nodyn, ac mae'n edrych fel hyn. Peidiwch â blincio na pheswch neu fyddwch wedi'i golli.

Er syndod i'r plant, roedd hi fel petai gan Gist ddwy injan oddi tano. Gyda **HWFF** a **PWFF** mawr, a rhywbeth a swniai fel **RHECH ANFERTH**, cododd drwy hen styllod pren y neuadd, allan drwy'r drws ac i'r noson serennog, gyda Jac a Megan yn gafael yn ei ochrau, yn ofn agor eu llygaid.

'Dwi'n troi fel **chwyrligwgan!** Dwi ddim wedi hedfan ers oes. Lle mae'r goleuadau?' meddai Cist, gan osgoi taro aderyn o drwch pluen.

> Mae **cyflymder uwchlwminaidd** yn gynt na chyflymder golau – yn gynt na McLaren F7. FFANTASTIG!

Chwyrligwgan – tegan bach sy'n troi'n sydyn iawn. Druan â Cist!

'Rho ni lawr nawr, Cist!' gwaeddodd Megan.

'Dim amser, sorri, rhaid i mi fynd adre,' atebodd Cist.

'Adre?' holodd Jac yn bryderus.

'Ond dyma'n pentre ni – mae'n rhaid i ni fynd i'r ysgol fory,' mynnodd Megan. 'A does gynnon ni ddim pasborts.'

Chwarddodd Cist. 'Does dim angen pasbort arnoch – ry'n ni ar y ffordd i wlad y **pasta a'r pizza**.'

'I ble?' holodd Jac.

'I'r wlad sydd yr un siâp â bŵt, lle ges i 'nghreu!' atebodd Cist.

'Yr **EIDAL**!' gwichiodd Megan.

'Yn hollol! Dyna lle ffeindiwn ni'r *ABC!*' meddai Cist.

'*ABC?*' holodd y plant fel un.

'ABC yr Opera, wrth gwrs! Cydiwch yn y gwregysau,' meddai Cist.

Daeth dau wregys i'r golwg dros ysgwyddau'r plant. **Clync! Clic!** Dechreuodd Cist ganu:

'O ble ddaeth hyn i gyd, Holl straeon a chaneuon yn opera?

Croeso i ABC, ABC, ABC yr Opera!'

PENNOD 2
Yr Academi

Mewn dim o dro, hedfanai'r ffrindiau ar awel gynnes yr Eidal, ac roedden nhw'n barod i lanio.

'Dwi'n gallu arogli pizza,' gwaeddodd Jac. **'DWI'N CARU PIZZA!'**

'Croeso i'r Eidal, ffrindiau. Daliwch yn dynn – dwi ddim yn un da am lanio!' bloeddiodd Cist.

BASH! **CRENSH!** **AWTSH!** **Sblat!**

Disgynnodd Jac a Megan yn bendramwnwgl ar lawr – THYD – a daeth Cist ar eu holau. Syrthiodd hwnnw'n glep i ganol coeden.

'O sorri, *amici*. Aeth hwnna ddim yn dda iawn,' cyfaddefodd.

'Paid â phoeni, does neb wedi brifo,' meddai Jac i'w gysuro.

Cododd y plant gan deimlo'n simsan a'u pennau'n troi. Yn rhedeg tuag atyn nhw nerth ei draed roedd gŵr bonheddig rhyfedd yr olwg. Roedd ganddo wallt cyrliog melyn at ei ysgwyddau, teits coch, a phâr o siorts a edrychai fel cewyn oedd angen ei newid. Roedd ganddo'r wên fwya a welodd Jac a Megan erioed. Rhoddodd Cist drefn arno'i hun ar ôl ei anffawd yn y goeden, a chyflwyno'i ffrindiau i'r gŵr bonheddig.

Amici – 'ffrindiau' mewn Eidaleg.

'**Ciao, ragazzi.** Croeso i'r **Baróc**, cartref y Baa-rocwyr. Fi yw **Professore Peri, DYFEISIWR yr Opera**. Clywais y crash o'r Academi – bydden i'n nabod y sŵn yna'n rhywle!'

'Academi?' holodd y plant fel un.

'Wrth gwrs. Yr **ABC** – *Academi Benwan y Cyfansoddwyr!* Peidiwch â dweud nad y'ch chi wedi clywed amdanon ni!'

'Soniodd Cist rywbeth …' atebodd Megan.

'Ble yn y byd wyt ti wedi bod?' Trodd Peri'n flin at Cist. 'Ry'n ni wedi bod yn aros amdanat am bedwar deg mlynedd! Dim galwad ffôn, dim cerdyn post, dim byd!'

'Ro'n i'n meddwl bod pawb wedi anghofio amdana i,' eglurodd Cist.

'Anghofio amdanat? Byth bythoedd!' mynnodd Peri.

'Ble yn union ydyn ni?' holodd Jac.

'Yn Fflorens, yn yr Eidal. A'r flwyddyn yw **1597**.'

'Ydi hynny cyn y deinosoriaid?' holodd Megan.

'Ha ha, na!' chwarddodd Peri.

'Ydech chi'n mynd i barti gwisg ffansi? Ai eich gwallt go iawn yw hwnna?' holodd ymhellach.

'Fy llysenw yw Eurwallt.'

'Hen Allt? Am enw od,' meddai Jac gan chwerthin.

Chwarddodd Peri hefyd. 'Na, EURWALLT, nid Hen Allt. **BASTA!** Dyna ddigon o holi.'

Chwifiodd Peri ei ddwylo'n ddramatig, cymryd anadl ddofn, a chanu **'A, B, C.'** Crynai'r ddaear wrth i balas crand godi o'u blaenau. Agorodd ei ddrws enfawr led y pen, a'r tu mewn gwelai'r plant lenni melfed, siandelîrs crisial, a waliau wedi'u paentio'n hardd. Roedd golau'n pefrio o'r miloedd o ganhwyllau oedd ynddo, a daeth cerddoriaeth swynol a dieithr i lenwi'r awyr o'u cwmpas.

> Falle fod y gair Baróc yn un dieithr, ond mae'n hawdd i'w ynganu. Meddyliwch am ddafad sy'n hoffi melysion: BAA-RÓC!

Ciao – 'helô' a 'hwyl fawr' mewn Eidaleg.
Ragazzi – 'plant' mewn Eidaleg.
Basta – 'dyna ddigon' mewn Eidaleg.

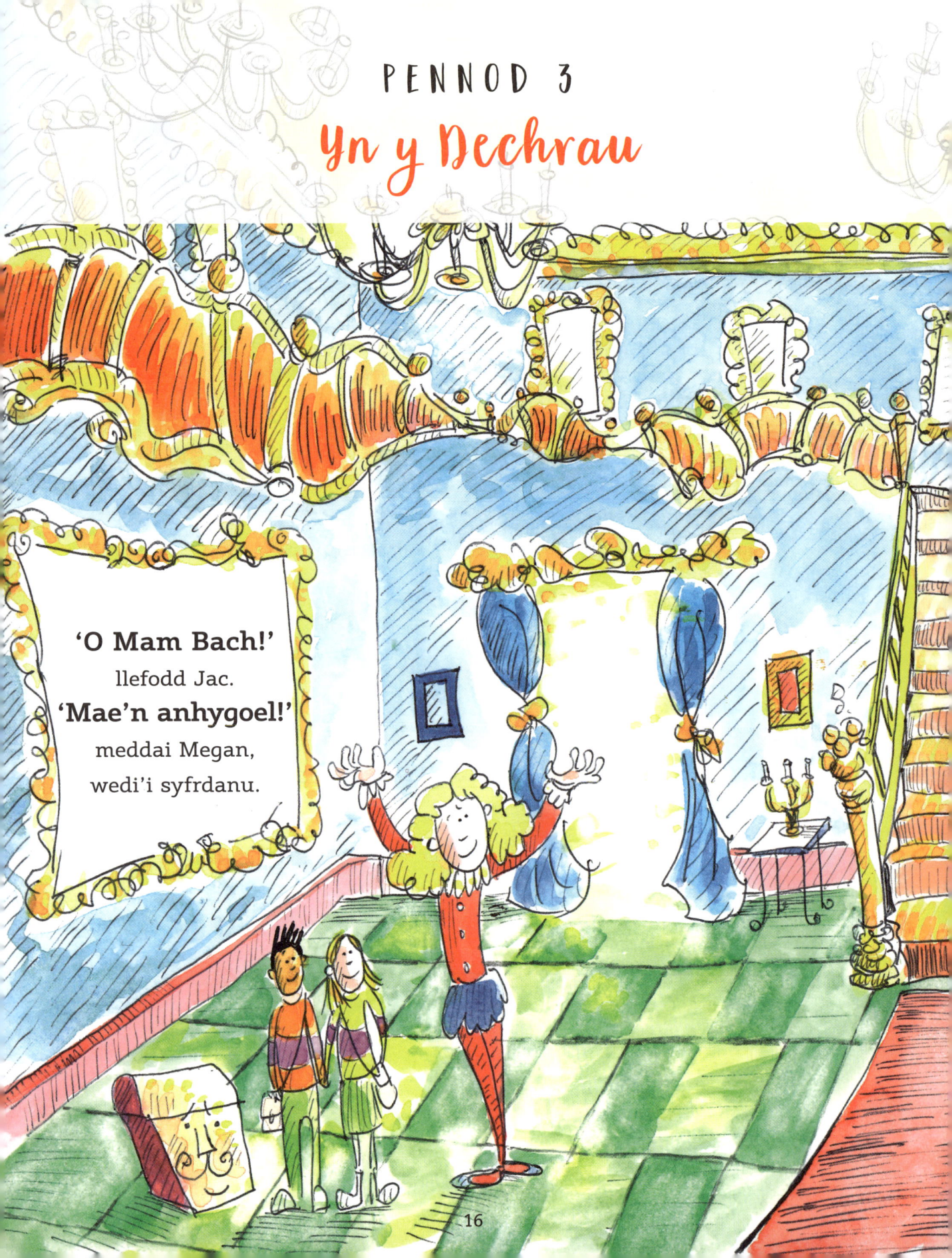

PENNOD 3
Yn y Dechrau

'O Mam Bach!' llefodd Jac. 'Mae'n anhygoel!' meddai Megan, wedi'i syfrdanu.

O bob cornel o'r neuadd ryfeddol, rhuthrodd y **Baa-rocwyr** i gwrdd â'r gwesteion newydd.

'Ciao, bawb, Barocwyr y'n ni – **NI**,
Byth yn stopio cael sbort a sbri – **SBRI**.
Mae'n cân lawn hwyl ac nid yw'n drwm – **DRWM**,
Ry'n ni ar wib fel y cachgibwm – **BWM!**

'**Grazie,** hoff farocwyr! Yma ry'n ni'n cyfansoddi'r gerddoriaeth orau erioed!' eglurodd Peri. 'Fi ddyfeisiodd yr opera, diolch i'r *Iarll Giovanni de' Bardi*, ond mae fy operâu wedi mynd ar goll.'

'Dyna ddiofal. Dwi'n casáu colli pethau,' meddai Megan.

'Ry'ch chi fel Mam-gu. Mae hi'n colli pethau drwy'r amser,' ychwanegodd Jac.

'Henaint ni ddaw ei hunan; wedi'r cyfan, dwi'n **500** mlwydd oed,' meddai Peri.

'Dyw Mam-gu ddim cweit mor hen â hynny!' nododd Jac.

'Beth yw opera?' holodd Megan.

'A beth yw cyfansoddi?' holodd Jac wedyn.

'Cyfansoddi yw sgwennu cerddoriaeth, a chyfansoddwr yw'r person sy'n gwneud y sgwennu,' esboniodd Cist.

Yr Iarll Giovanni de' Bardi (1534–1612)

Iarll go iawn oedd y gŵr hwn, ond yn wahanol i Draciwla, nid oedd yn cnoi. Roedd yn ŵr bonheddig ac yn filwr dysgedig, ac roedd wedi gwirioni ar gerddoriaeth a darllen, ac wrth ei fodd â hen chwedlau Gwlad Groeg. Byddai'n gwahodd pobl glyfar i'w balas i gyfansoddi OPERÂU.

Mae opera gynta Professore Peri, *Dafne,* ar goll ers degawdau. Am ddiofal …

Grazie – 'diolch' mewn Eidaleg.

'Ystyr y gair **Opera** mewn Eidaleg yw **gwaith**,' eglurodd Peri.

'Dwi'n casáu gwaith, felly fydda i'n casáu **opera** hefyd,' cwynodd Jac.

'Paid â phoeni, dyw e ddim fel **algebra (93=180-z)**,' eglurodd Peri. 'Ym myd yr opera mae straeon o bob math yn dod yn fyw drwy'r gerddoriaeth wych.'

Gwenodd Jac. 'Grêt. Dwi'n dwlu ar gerddoriaeth a straeon.' Dechreuodd hoffi'r lle rhyfedd hwn.

'A fi,' cytunodd Megan.

'Gall opera fod yn **frawychus**, *rhamantus*, *gwirion* a **thrist**,' meddai Peri.

'Rhamantus … fel cusanu? Ych!' Gwgodd Jac.

'Ac mae'r straeon yn llawn tywysogesau, arwyr, tylwyth teg, a hud a lledrith,' ychwanegodd Cist.

'ABRACADABRA,' chwarddodd Jac.

'A chi ddyfeisiodd y cwbwl?' holodd Megan.

'*Sì sì*,' atebodd Peri.

'Felly ydi opera fel **Hip-hop** neu **Bop**?' holodd Jac.

'Neu fel R&B neu Rap?' ychwanegodd Megan, yn meddwl ei bod hi ar y trywydd iawn.

'Na, dwi'n gwybod – fel Roc neu Grynj?' Roedd pen Jac yn llawn cynigion.

Sì – 'ie' mewn Eidaleg.

Yn y Dechrau

Mae gan opera bopeth!

canu ac actio

emosiynau

golygfeydd

cerddoriaeth ac offerynnau

dwli

gwisgoedd a dawnsio

PENNOD 4
Maestro Monte

'*Psst*,' sibrydodd Cist. Roedd wedi bod yn ceisio tynnu sylw Peri ers tro.

'Beth sy'n bod?' holodd Peri.

'Yn y dyfodol, mae opera bron â diflannu. Gall fynd yn llwyr yn fuan,' esboniodd Cist yn drist.

Edrychai Peri'n ofidus. **'DDIM I ABERGOFIANT?'**

'Ie! Rhaid i ni gadw opera'n fyw!'

'Ydi pethau mor ddrwg â hynny, Cist? Falle gall Jac a Megan ein helpu i fynd â'r opera i'r dyfodol?'

'Falle'n wir,' atebodd Cist. 'Falle mai nhw yw'r union rai i rwystro'r opera rhag diflannu fel pw yn y tŷ bach.'

Cyn i Peri fedru dweud y drefn wrth Cist am ei iaith, daeth ceffyl ar garlam tua drws y plasty, gan ddod i stop yn **AGITATO**. Ar ei gefn roedd marchog wedi'i wisgo mewn du o'i gorun i'w sawdl, gyda barf fain a mwstás cyrliog. Neidiodd oddi ar ei geffyl a martsio'n benderfynol tuag at Professore Peri.

'Celwydd noeth! Fi sy biau'r opera. **MIA!'**

Agitato – 'yn llawn cyffro' mewn Eidaleg. Mae'r gair hefyd yn cael ei ddefnyddio i esbonio wrth gerddor sut i berfformio.
Mia – 'fy un i' neu 'fy eiddo i' mewn Eidaleg.

'Mae dy operâu di ar goll, **stupido!**' gwaeddodd Monteverdi'n flin. 'Fi sgwennodd yr opera **FAWR** gynta, a'i gwneud yn boblogaidd.'

Gwenodd Peri'n nerfus ar y plant. 'Peidiwch â phoeni; ry'n ni'n mynd dros ben llestri weithiau. Mae opera mor **appassionata**.'

Cyn i chi fedru dweud *antipasti*, tynnodd Monteverdi ffon o salami o'i gôt a rhoi **BONCLUST** i Peri.

'Attacca! Attacca!

Dere 'mlaen, gornest amdani!'

Rhewodd y plant mewn braw. Beth ddylen nhw ei wneud?

Yn lwcus, roedd un wrth law allai ddelio â'r sefyllfa ...

Sgwennodd Professore Peri a Maestro Monte operâu am y drasiedi Roegaidd **Orffews.**

Stupido – 'twp' neu 'gwirion' mewn Eidaleg.
Appassionata – 'angerddol' mewn Eidaleg.
Antipasti – 'snac' mewn Eidaleg.
Attacca – 'ymosod' mewn Eidaleg. Mae hefyd yn golygu na ddylai'r cerddor oedi rhwng rhannau mewn darn o gerddoriaeth.

Maestro Monte

PENNOD 5
Francesca Fantastica

'**BECHGYN, RAGAZZI, stopiwch!** Chi, Maestro Monte, yw Papà yr opera, a Professore Peri, chi yw dyfeisiwr yr opera … mae'r ddau ohonoch yn **fantastici!**'

'Nefi, pwy yw honna?' holodd Jac.

'Mae'n wyyyyych!' llefodd Megan.

Safodd Peri a Monte yn stond ac edrych yn llawn edmygedd at y *bella donna*, a'u salamis yn yr awyr.

'A, merch arall! Pwy wyt ti?' holodd y ferch benfelen.

'Fi yw Megan.'

'A **io sono** – Francesca 'Fantastica' Caccini, y gyfansoddwraig opera gynta.'

> *Rwy'n canu a dawnsio,*
> *Yn fantastica o hogan,*
> *Yn prima donna all wneud y cyfan.*
> *Rwy'n chwarae'r liwt a'r gitâr, rwy'n hirben,*
> *Rwy'n gyfansoddwraig ac yn seren.*
> *A'r ferch gynta i sgwennu opera – wir i chi –*
> *Does dim y tu hwnt i 'ngallu i!*

Bella donna – 'merch hardd' mewn Eidaleg.
Prima donna – 'y ferch gyntaf' mewn Eidaleg a'r brif gantores mewn opera.

Gwenodd Francesca ar y plant a pharhau â'i stori.

'Roedd Papà mor falch ohona i am fod yn gyfansoddwraig. Yn un o fy operâu, roedd gen i wrach dda a gwrach ddrwg.'

'Fel yn y **Wizard of Oz?**' holodd Megan.

'**Sì,**' gwenodd Francesca.

'**Gwych!**' chwarddodd Jac.

'**Scusi,** Francesca,' torrodd Peri ar eu traws. 'Rhaid i mi ddangos mwy o'r *Academi* i'r plant, cyn iddi fynd yn rhy hwyr.'

'Gallwn ni aros yma drwy'r dydd!' meddai Jac.

'Mae digon o amser gan Jac a minnau, Professore,' ychwanegodd Megan.

'Ond mae ein hamser ni'n brin …' sibrydodd Peri dan ei wynt. 'Welwn ni chi wedyn, Francesca, am **cappuccino** neu **vino**.' Rhuthrodd Peri y plant yn eu blaenau.

Roedd cerddoriaeth yng ngwaed Francesca o'r cychwyn. Roedd ei thad, **Giulio Caccini (1551–1618)**, yn un o sylfaenwyr yr opera – ac mae gwaed yn dewach na dŵr …

La Cecchina oedd llysenw Francesca, sef enw ar aderyn sy'n canu.

Scusi – 'esgusodwch fi' mewn Eidaleg. *Cappuccino* – coffi blasus, Eidalaidd. *Vino* – 'gwin' mewn Eidaleg. Gallwch gael gwin coch, gwyn neu binc. Fel opera, mae gwin ar gael ledled y byd.

PENNOD 6
Ledled y Byd

'Felly a yw pob cyfansoddwr yn dod o'r Eidal?' holodd Jac.

'Na, yn bendant,' atebodd Peri. 'Wedi i opera adael yr Eidal, aeth i lefydd eraill – **Ffrainc, Lloegr, yr Almaen, Rwsia, Awstria,** a sawl gwlad arall. Roedd brenhinoedd, breninesau, arglwyddi, arglwyddesau … roedd pawb am glywed a gweld opera.'

'Professore, ry'ch chi'n dweud bod yr opera yn bodoli ers 500 mlynedd, ond mae straeon wedi bodoli erioed,' mynnodd Megan.

'Pwynt teg, Megan. Ydyn, mae straeon a chaneuon yn bodoli ers cyn cof. Beth sy'n wahanol efo'r hyn wnes i ei ddyfeisio, yr opera, yw eich bod yn canu, actio a dawnsio – i gyd ar yr un pryd! **Magnifico!** Aeth opera ledled y byd mewn dim o dro.'

Lloegr: Mae pobl Prydain yn yfed 165 miliwn o baneidiau o de bob dydd. Mae 300 o ieithoedd yn cael eu siarad yn Llundain – mwy nag yn unrhyw wlad arall yn y byd, ac mae 94 iaith yn cael eu siarad yng Nghaerdydd.

Ffrainc: Ym Mharis, y brifddinas, saif Tŵr Eiffel, sy'n 11,800 modfedd, neu'n 324 metr o uchder.

Magnifico – 'bendigedig' mewn Eidaleg.

Ledled y Byd

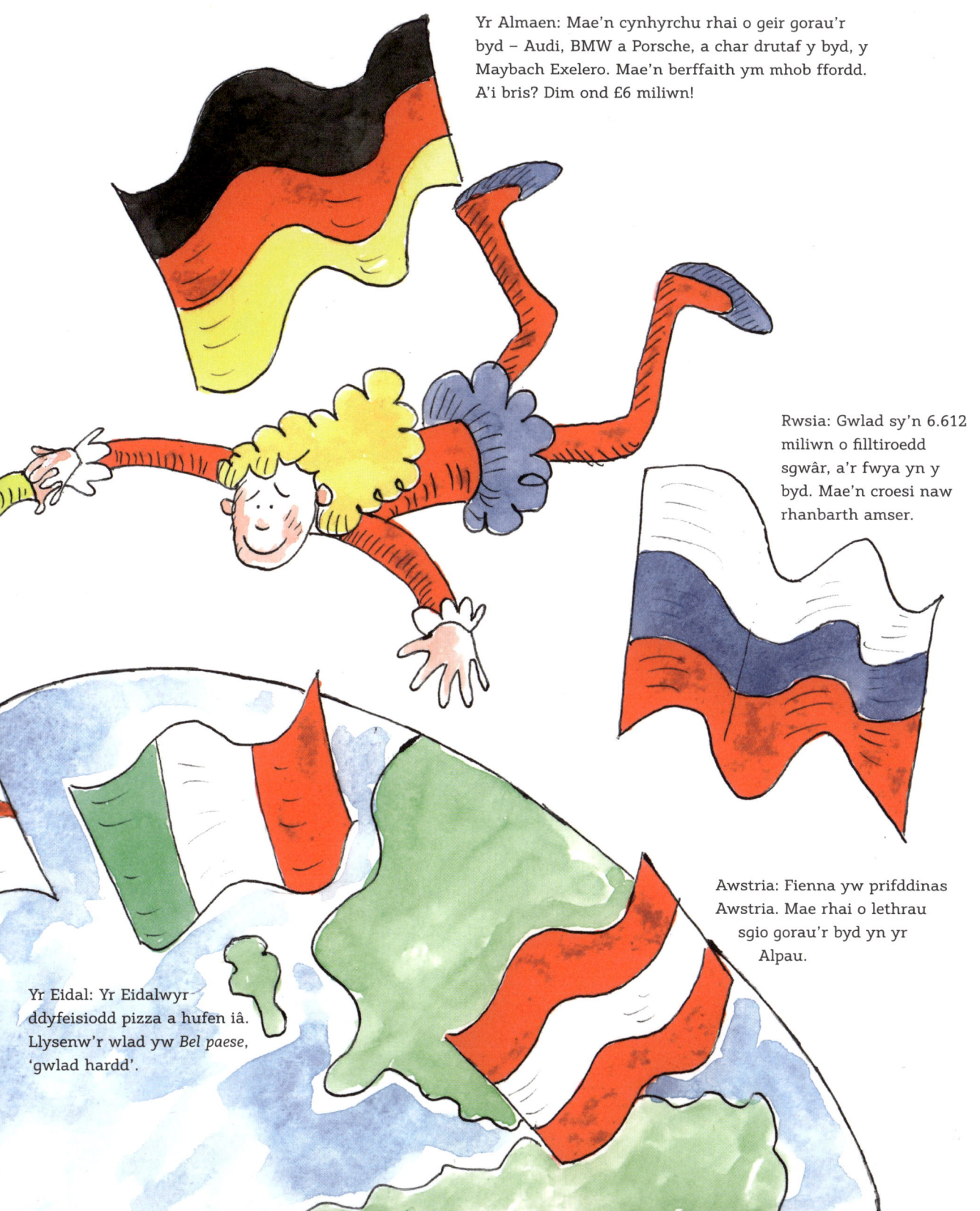

Yr Almaen: Mae'n cynhyrchu rhai o geir gorau'r byd – Audi, BMW a Porsche, a char drutaf y byd, y Maybach Exelero. Mae'n berffaith ym mhob ffordd. A'i bris? Dim ond £6 miliwn!

Rwsia: Gwlad sy'n 6.612 miliwn o filltiroedd sgwâr, a'r fwya yn y byd. Mae'n croesi naw rhanbarth amser.

Awstria: Fienna yw prifddinas Awstria. Mae rhai o lethrau sgio gorau'r byd yn yr Alpau.

Yr Eidal: Yr Eidalwyr ddyfeisiodd pizza a hufen iâ. Llysenw'r wlad yw *Bel paese*, 'gwlad hardd'.

PENNOD 7
Doc Blow a Purcell Perffaith

'Amseru gwych – *amici*, gadewch i mi gyflwyno dau gyfansoddwr opera o Loegr,' meddai Peri.

Cerddai dau ŵr bonheddig atyn nhw, a'u wigs gwyn, cyrliog yn gwneud iddyn nhw edrych fel petai ganddyn nhw ddefaid ar eu pennau. (Dyma gyfnod y Baa-róc, wedi'r cyfan.)

'**Scusate, signori**, rhaid i chi gwrdd â Jac a Megan – maen nhw o'r dyfodol! *Ragazzi*, dyma **Doc Blow** a **Purcell Perffaith**, o **Lundain**.'

'Mae'n fraint cael cwrdd â chi, ffrindiau annwyl,' meddai'r ddeuawd, gan blygu eu pennau'n gwrtais.

'Cyfansoddwyr ŷm ni
Yn Llundain bwysig,
Yn rhoi operâu
I'n dilynwyr dinesig.'

'Er mai Blow oedd fy athro,
Fi yw'r gorau, 'nôl y sôn.
Rwy'n ei guro, yn ddi-os,
Ym mhob cân a thôn.'

'Fe gytunaf, hoff Purcell,
A mawr yw fy nyled,
Ond daeth diwedd dy daith
Wrth fwyta'r holl siocled.'

Scusate – 'esgusodwch fi' mewn Eidaleg.
Signori – 'gwŷr boneddig' mewn Eidaleg.

Cododd Jac ei law. 'Esgusodwch fi, Mr Purcell Perffaith, a wnaethoch chi farw drwy fwyta gormod o siocled – go iawn?'

'Do, yn ôl y sôn, fachgen annwyl ... diolch am fy atgoffa,' meddai Purcell yn sych.

'O, am ffordd braf o farw ...' meddyliodd Jac, oedd yn dwlu ar siocled.

> Daw'r enw **Purcell** o'r hen air Ffrangeg Normanaidd *pourcel*, sef 'PORCHELL' neu 'mochyn bach'. Dyna *wiiich*!

Roedd gan Megan fwy o ddiddordeb yn Doc Blow. Hoffai wybod sut y gallai disgybl gael y gorau ar ei athro.

'Doc Blow, all disgyblion fod yn fwy clyfar na'u hathrawon, go iawn?' holodd.

'Gallant. Dylai athrawon helpu eu disgyblion i fod yn fwy clyfar ac yn well na nhw. Dyna ddigwyddodd i'r Purcell **GWYCH**. Roedd pawb yn dotio arno, yn arbennig y **frenhines**.'

'Sgwn i a allwn i fod yn well na'm hathrawes wyddoniaeth, **Dr Llosgyddbunsen?**' holodd Jac.

'Wel, gweithia'n galed, a phwy a ŵyr?' meddai Dr Blow, gan roi andros o

AAAAAATTTTTISHHHHWWWW!!,

nes gwneud i'r plant syrthio a tharo yn erbyn Cist.

'**ESGUSODWCH FI!**' meddai Cist mewn sioc.

'Dewch, ffrindiau!' meddai Peri. 'Dwi eisiau i chi gwrdd â mwy o bobl o'r Academi.' Chwifiodd ei ddwylo, gan annog y plant yn eu blaenau.

'*Ffarwél* ... **AAATTTISHHHWW!**' meddai Doc Blow gan disian.

'Ble nesa?' holodd Jac yn llawn cyffro.

'I wlad Frankfurters, cestyll a chwrw!'

'**YR ALMAEN,**' nododd Megan.

'Yn union,' gwenodd Peri.

Perthynai'r Frenhines Mary II, merch Iago II (brenin Catholig olaf Prydain), i deulu'r Stiwardiaid. Purcell oedd hoff gyfansoddwr y frenhines. Cyfansoddodd *Celebrate this Festival* ar gyfer ei phen-blwydd yn 1693 – a'r gerddoriaeth ar gyfer ei hangladd y flwyddyn ddilynol.

PENNOD 8
Handel Hanfodol

'**Hallo,**' meddai gŵr bonheddig oedd â wig hyd yn oed yn fwy cyrliog na rhai'r ddeuawd o Lundain. Roedd ganddo fol mawr ac wyneb trist, gyda chorneli ei geg yn cwrdd â'i ên mewn gwg. Canodd ag acen Almaenig:

'Fi yw Herr Handel, cyfansoddwr diguro,
Pan oeddwn yn iau, breuddwydiwn am lwyddo.
Operâu a chaneuon a aeth â'm bryd,
Yna deuthum i Lundain, y lle gorau'n y byd.
A'r Academi Frenhinol, **ja**, oedd fy lle
A'm repertoire dyfodd tua'r ne'.'

'**Ja,** ganwyd fi yn yr Almaen, ond Lloegr yw fy nghartre bellach,' eglurodd. 'Fi gyfansoddodd y gerddoriaeth ar gyfer y tân gwyllt brenhinol yn **1749**. Ond cofiwch, roedd yn anodd ei chlywed drwy'r twrw ... BANG!'

Roedd tad Handel yn 63 oed pan anwyd Handel. Rhaid bod rhywbeth arbennig am y flwyddyn honno, 1685 – ganwyd dau gyfansoddwr byd-enwog arall yn 1685, sef Johann Sebastian Bach a Domenico Scarlatti. (Darllenwch eu hanes ar dud. 62.)

Hallo – 'helô' mewn Almaeneg.
Herr – 'mistar' mewn Almaeneg.
Ja – 'ie' mewn Almaeneg.

'Dwi'n **dwlu** ar dân gwyllt!' meddai Jac wrth Herr Handel.

'Ond nid y **tân gwyllt** yn unig oedd yn swnllyd. Roedd y gynulleidfa'n ymddwyn yn ddrwg, yn siarad a gweiddi drwy fy operâu. A choeliwch neu beidio, pan ddaeth y frenhines i weld fy opera, fe dorrodd hi'r gadair. Am lanast! Ei phen-ôl mawr hi, nid fy opera i, oedd ar fai! Does dim syndod fod fy wig wedi troi'n wyn … O, roedd popeth yn fy ngwneud yn benisel, ac roedd gen i fynydd o waith i'w wneud, ond yn Hamburg y des i'n enwog go iawn.'

Bron i yrfa Handel ddod i ben yn sydyn mewn gornest gleddyfau â chyfansoddwr arall, Johann Mattheson. Aeth hi'n frwydr danllyd a bu bron i Mattheson ladd Handel, ond aeth cleddyf Mattheson yn sownd mewn botwm ar siaced Handel, gan osgoi'i galon o fodfeddi'n unig!

PENNOD 9
Lully Anlwcus

Yn sydyn, clywodd Peri a'r plant sŵn gweiddi a bytheirio. Roedd trychineb ar fin eu taro ...

Hedfanai byrddau a chadeiriau a llestri i bob cyfeiriad wrth i'r ymwelydd ruthro i mewn, yn chwifio ei ddwy ffon fagl uwch ei ben yn wyllt.

CRASH! BANG! 'MON DIEU!'

'O na, **Monsieur Lully Anlwcus!**' cwynodd Peri.

'**Quel désastre!**' llefodd Lully'n uchel, cyn sylwi ar y plant.

'**Bonjour, mes petits pois**. Ymddiheuriadau am fod yn hwyr ond mi wnes i daro – **bang** – ar CROMWELL CREULON ar fy ffordd, ac roedd rhaid i mi ruthro nerth fy nhraed, oedd ddim yn hawdd, fel y gwelwch.' Pwyntiodd Lully at y plastar anferth ar ei droed.

'Pwy yw Cromwell Creulon?' gofynnodd y plant i Peri.

'Gobeithio na fydd raid i chi gwrdd ag e, ond mae'n ddyn sy'n casáu unrhyw beth sy'n hwyl,' eglurodd y Professore. 'Does dim angen rhoi dim sylw iddo. Dyma fy ffrind, **Monsieur Lully Anlwcus**, *tad yr opera yn Ffrainc.*'

'**Et aussi, Llywodraethwr y Gerddoriaeth Frenhinol** a **Phennaeth Cerddoriaeth y Teulu Brenhinol,**' ychwanegodd Lully.

'Dyna grand,' gwenodd Megan, yn llawn edmygedd.

'**Oui oui,**' meddai Lully, gan sychu ei dalcen â'i hances.

'Dwi angen wi-wi hefyd,' meddai Jac.

'Shh, Jac. **Oui** yn Ffrangeg yw "ie",' eglurodd Megan.

'O,' meddai Jac yn chwithig.

Monsieur – 'mistar' yn Ffrangeg. *Quel désastre* – 'am drychineb' yn Ffrangeg.
Mon Dieu – 'Jiw jiw' yn Ffrangeg. *Bonjour* – 'bore da' yn Ffrangeg.
Mes petits pois – 'fy mhys bach gwyrdd' yn Ffrangeg. *Et aussi* – 'a hefyd' yn Ffrangeg.
Oui – 'ie' yn Ffrangeg.

Lully Anlwcus

'Ond **regardez**, ges i ddamwain gas!' Pwyntiodd Lully at ei droed. 'Mi wnes i daro fy nhroed efo'r FFON FAWR wrth i mi arwain cerddorfa. *Un, deux, trois,* AAAAWWW!' sgrechiodd, wrth daro ei droed eto. 'Doedd fy marwolaeth i ddim yn un rhy bleserus, a minnau'n gweithio i **frenin Ffrainc, Louis XIV**, ar y pryd.'

'A-ha, Ffrancwr y'ch chi,' nododd Jac.

'Ffrancwr, wir!' wfftiodd Cist o dan ei wynt.

'**TAIS TOI!** Eidalwr oeddwn i, ond fe ddes yn Ffrancwr gan 'mod i'n hoffi *croissants* yn fwy na pizza ...'

Yn sydyn, sylweddolodd Jac a Megan rywbeth pwysig – fod yr holl bobl oedd yn yr Academi ... wedi **MARW!!**

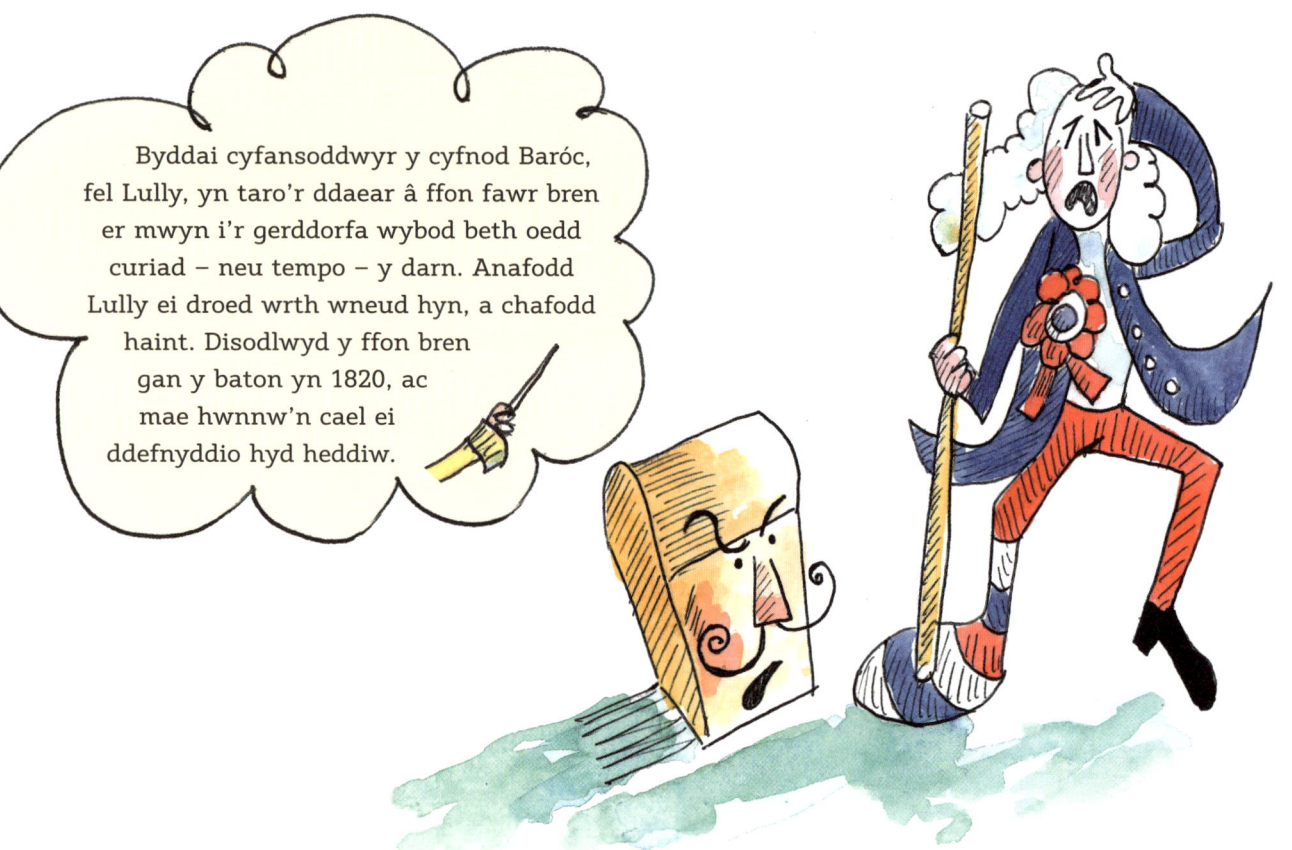

Byddai cyfansoddwyr y cyfnod Baróc, fel Lully, yn taro'r ddaear â ffon fawr bren er mwyn i'r gerddorfa wybod beth oedd curiad – neu tempo – y darn. Anafodd Lully ei droed wrth wneud hyn, a chafodd haint. Disodlwyd y ffon bren gan y baton yn 1820, ac mae hwnnw'n cael ei ddefnyddio hyd heddiw.

Regardez – 'edrychwch' yn Ffrangeg. *Un, deux, trois* – 'un, dau, tri' yn Ffrangeg.
Tais toi – 'bydd yn dawel' yn Ffrangeg.
Bu Louis XIV yn frenin Ffrainc am 72 o flynyddoedd, sef teyrnasiad hiraf unrhyw frenin neu frenhines erioed! Galwyd ef yn 'Frenin yr Haul', *Le Roi Soleil*.

PENNOD 10
A Oes Dyfodol i'r Opera?

'Professore, ga i ofyn cwestiwn, plis?' sibrydodd Megan.

'Sì, wrth gwrs.'

'Ydech chi i gyd … ymm …' Allai Megan ddim dod o hyd i'r gair iawn.

'Yn gyfansoddwyr? Sì.'

'Na, ydech chi i gyd … ymm …' Oedodd Megan eto, ond cyn iddi siarad, gwaeddodd Jac,

'Ydech chi i gyd wedi **MARW?**'

Roliodd Peri ei lygaid. Sut galla i esbonio hyn, meddyliodd.

'Mae'r gwaith ry'n ni'n ei wneud yma yn **yr Academi** gyda'n cerddoriaeth a'n straeon yn cyffwrdd â chalonnau pobl ledled y byd, a dyna sy'n ein cadw'n fyw,' esboniodd Peri. 'Os aiff ein gwaith yn ANGOF, gallai'r cyfan ddiflannu am byth.'

'Mae Mam-gu'n dweud hynny am ei straeon hi hefyd. Mae hi angen eu rhannu nhw efo ni fel ein bod ni wastad yn ei chofio pan fydd hi wedi mynd i ganol y sêr,' meddai Jac.

'Mae gynnoch chi fam-gu ddoeth iawn. Cofia di beth mae hi'n ddweud wrthot ti, Jac.'

Ymunodd Maestro Monte â'r sgwrs. ''Falle y byddai pobl wedi anghofio amdana i llynedd, ond diolch i'r drefn, wnaeth pobl **YR AS FAWR** gynnal cyngerdd o'm cerddoriaeth.'

Chwarddodd Jac. 'Hoffen i fyw yn yr As Fawr!'

''Falle fyddai pobl wedi anghofio amdana i hefyd, petaech chi heb ddod o hyd i mi yn neuadd Pontirgorffennol,' dywedodd Cist wrth y plant.

'Ry'n ni'n falch ein bod wedi dy ffeindio di, Cist, a dy fod wedi dod â ni i'r Academi i gwrdd â phawb,' meddai Megan.

Mae pentref glan môr yr As Fawr ym Mro Morgannwg – pan mae'n wyntog, mae'r tywod sy'n chwythu o'r traeth yn gwneud i chi grafu'ch pen-ôl.

Wrth i'r plant feddwl am ddyfodol y cyfansoddwyr, daeth sŵn martsio i darfu ar bawb.

'O na, mae E yma!' gwaeddodd Lully.

PENNOD 11
Cromwell Creulon

Yn sydyn, ffrwydrodd drysau'r Academi ar agor led y pen, a martsiodd llu o filwyr mewn lifrai coch llachar, bob un yn gwisgo helmed fel sosban fach ben i lawr, i ganol y stafell fawr.

'Tawelwch!' cyhoeddodd y prif filwr. **'Wele'r Arglwydd Amddiffynnydd Cromwell.'** Wrth i'r enw **'Cromwell'** lenwi'r stafell, roedd fel petai'r hapusrwydd a'r gerddoriaeth oedd yno eiliad ynghynt yn diflannu. Doedd Maestro Monte tanllyd, hyd yn oed, ddim am gwrdd â **Cromwell Creulon**.

Mewn panig sydyn, gwthiodd Monte Jac a Megan ymlaen, nes eu bod wyneb yn wyneb â Cromwell, ei groen yn bla o blorod, a'i anadl yn sur fel hen sanau.

'Pwy y'ch chi?' holodd Jac yn dawel.

'Oliver Cromwell, Arglwydd Amddiffynnydd y Gymanwlad wyf fi. Rwy'n rhoi stop ar bob dim sy'n creu difyrrwch,' meddai'r snichyn yn wawdlyd.

'Am beth creulon,' meddai Jac yn nerfus.

'A pheth gwych,' hisiodd yr Arglwydd.

'Hyd yn oed cerddoriaeth?' holodd Megan, gan grynu.

'Ie, hyd yn oed cerddoriaeth. Mae cerddoriaeth yn ddrwg a phechadurus. Beth sy'n bwysig yw **gwaith, gwaith a mwy o waith,** a bod **PENNAU RWDAN** fel chi, y cyfansoddwyr, yn gwneud rhywbeth defnyddiol am unwaith. Fyddech chi'n cael eich anghofio am byth tasen i'n cael fy ffordd fy hun!' Taranai llais Cromwell drwy'r Academi.

Gwyddai Jac o brofiad sut un oedd bwli. Roedd wedi cael ei fwlian yn yr ysgol, a doedd e ddim yn mynd i adael i'w ffrindiau newydd ddioddef. Llyncodd ei boer a cheisiodd fod yn ddewr. 'Bwli wyt ti! Does dim croeso i fwlis yma.'

Oliver Cromwell Creulon
1599–1658

Arweinydd milwrol penigamp, Aelod Seneddol ac Arglwydd Amddiffynnydd Gwerinlywodraeth Lloegr, yr Alban ac Iwerddon, 1653–1658. Roedd yn ddyn crefyddol iawn – yn Biwritan – ac oherwydd hyn, rhoddodd stop ar bethau fel chwaraeon, cusanu, bwyd poeth ar ddydd Sul, y theatr, a Chalan Gaeaf.

Cromwell drefnodd dorri pen Siarl I yn 1649 oherwydd ei droseddau. Claddwyd Cromwell yn Abaty Westminster, ond codwyd ei gorff, ei hongian mewn cadwyni, a thorrwyd ei ben gan Siarl II, oedd yn hoff iawn o hwyl a mwynhau – yn wahanol iawn i'w dad.

Pen rwdan – rhywun twp, a phen fel swejen!

'**Beth?!**' poerodd Cromwell, gan syllu'n gas ar Jac. 'Gwylia di, 'ngwas i. Dwi wedi torri pen y brenin i ffwrdd, cofia.'

Poenai Jac am gyflwr ei ben, ond doedd Megan ddim am adael i neb ei bwlian hi.

'Dal dy ddŵr, y **bwli**. Os wyt ti'n hoffi gwaith, beth am yr opera?' heriodd Megan.

'Opera? **Beth yw OPERA?**' gwaeddodd Cromwell.

'Ystyr opera yw "gwaith",' esboniodd Jac, gan ddechrau teimlo'n fwy dewr.

'Gwaith caled,' ychwanegodd Megan.

Meddyliodd Cromwell am eiliad. 'Mmmm, gwaith, meddech chi?'

'Mae'n wych! Fy ffrindiau i yn yr Academi wnaeth ei **ddyfeisio**,' meddai Jac.

Pendronodd Cromwell eto.

'Felly ydech chi i gyd yn gwneud y busnes opera 'ma?' holodd.

'**Sì,** *yden,* oui, *ja,*' atebodd y cyfansoddwyr.

Gafaelodd Cromwell yn Megan. 'Nawr gwranda di, madam, ydi **opera wir yn golygu "gwaith"?**'

Nodiodd Megan, a phawb arall yn yr Academi, yn nerfus.

'O'r gorau, **Y PENNAU RWDAN,** mae gen i gynnig i chi. Dewch i 'mhalas a dangoswch un o'ch operâu i mi. Os ydw i'n ei hoffi, falle wna i ei chadw. Rhaid mynd – mae gen i sawl person i'w boeni heddiw.'

Roedd Cromwell yn byw yn **Hampton Court** ger Llundain. Mae'n un o ddau balas o eiddo'r Brenin Harri VIII sy'n dal ar ei draed. Dwi'n siŵr fod gan y palas sawl stori fyddai'n destun gwych ar gyfer opera frawychus.

Wrth i'w filwyr fartsio o'r Academi, trodd Cromwell at y plant gan chwerthin. **'Ac rwy am roi stop ar y Nadolig ... HO, HO, HO.'**

'Snichyn,' poerodd Jac.

'Peidiwch â phoeni, feiddiai e ddim,' meddai Cist.

Rhoddodd Cromwell stop ar bopeth oedd yn hwyl. Teyrnasodd am 12 mlynedd a'r unig gerddoriaeth roedd hawl gan bobl i'w chlywed oedd – **OPERA!**

Ailsefydlwyd y frenhiniaeth a'r Nadolig pan ddaeth Siarl II yn frenin yn 1660.

PENNOD 12
Arwyr yr Opera!

Professore Peri, Maestro Monte, Francesca Fantastica, Purcell Perffaith, Lully Anlwcus, Herr Handel a Doc Blow – daeth pawb at Jac a Megan i ddiolch iddyn nhw am eu gwaith a'u dewrder.

'Chi yw ein harwyr,' gwenodd Francesca. 'Ac mae'r diolch hefyd i'r ABC.'

'Academi Benwan y Cyfansoddwyr!' gwaeddodd y plant.

'Ac mae hefyd mor syml ag ABC – Amdani, Blant Cymru! – mae modd gwneud unrhyw beth, ond i chi gredu ynoch chi'ch hunain,' ychwanegodd Francesca.

Gwenodd y plant, ond teimlai Jac yn arbennig o falch ohono'i hunan am iddo ddal ei dir yn erbyn Cromwell. Gwyddai, gyda help Megan, fod unrhyw beth yn bosib.

Arwyr yr Opera!

Ond doedd eu problemau ddim wedi'u datrys yn llwyr. Hyd yn oed petai Cromwell yn hoffi'r opera, fyddai hynny ddim yn ddigon i achub yr Academi am byth. Yr eiliad honno, chwifiodd Peri ei freichiau mewn cyffro, a hedfanodd cwmwl mawr o lwch o'i gorff … **PWFF!**

'O Mam Bach, mae'r professore a'i gerddoriaeth yn dechrau chwalu!' llefodd Purcell.

'Ro'n i'n amau mai fi fyddai'r cynta i fynd,' dywedodd Peri'n drist.

'Mae'n waeth na'r disgwyl,' meddai Cist wrth y plant. 'Dyw cerddoriaeth Peri ddim yn cael ei gwerthfawrogi – dyw'r darnau ddim yn *cŵl* yn ein hoes ni. Os na wnawn ni rywbeth yn fuan, bydd yr Academi i gyd yn mynd i ABERGOFIANT … does neb am fynd i fan'no.'

'Ond ry'n ni'n credu yn yr ABC!' meddai'r plant. 'Beth ddylen ni ei wneud?'

'RHANNU EIN CERDDORIAETH!!! DWEUD WRTH BAWB AMDANOM!!!!' gwaeddodd y cyfansoddwyr.

PENNOD 13
Dod yn Ôl

'Does dim eiliad i'w gwastraffu,' rhybuddiodd Cist.

'Os gall Jac a Megan ddal eu tir yn erbyn **CROMWELL**, mae gobaith i ni,' mynnodd Francesca.

'*Sì*, Francesca, mae'n bosib dy fod yn iawn,' ystyriodd Peri.

Trodd Peri at y plant. 'Jac a Megan, allwch chi ein helpu i achub yr Academi a'r opera?'

'Wrth gwrs!'

'*Fantastici*, felly rhaid i chi adael ar unwaith a dweud wrth bawb amdanon ni! Glou, ***adesso!*** Cist, ***subito!***'

Taniodd Cist ei injan a chodi ei gaead er mwyn i'r **BAA-ROCWYR** roi eu heiddo ynddo: **wigs, dillad, cerddoriaeth, props** ... hedfanai eitemau o bob cyfeiriad, gan atgoffa'r plant o'u hanturiaethau anhygoel. Ysai'r ddau am gael aros gyda'u ffrindiau newydd, ond roedd ganddyn nhw dasg o'u blaenau.

Adesso – 'nawr' mewn Eidaleg.
Subito – 'ar unwaith' mewn Eidaleg.

'Cist, gofala amdanyn nhw! Mae gennyt ti lwyth pwysig iawn,' meddai Peri, gan sychu deigryn o'i lygad.

'Mi wna i, Peri!' atebodd Cist.

'Dwi'n addo y gwnawn ni eich achub. Dwi am ddweud wrth bawb fod opera yn wych. Bydd fy athrawes gerddoriaeth yn dwlu arnoch chi,' meddai Megan.

'A Mam-gu,' ychwanegodd Jac, dan **ganu:**

'**Oppppeeerrraaaa!**

Does dim yn debyg iddi hi,
Carwn eich opera,
Mae'n llenwi'r awyr fyny fry,
Ac wrth wrando ar y tonau
Cewch eich swyno, wir i chi.
Mae **A B C** *yr opera*
I chi, a fi!'

Gwenodd Peri. 'Byddwch chi'n enwog ryw ddydd. Bant â chi, arwyr yr opera. Siwrne saff!'

'**Accelerando,**' gwaeddodd Cist, a **WHWWSH**, roedden nhw ar eu taith.

Cyn i chi allu dweud *Rocambolesco*, gwaeddodd Cist eto, '**DALIWCH YN SOWND**' wrth i'r props grynu y tu mewn iddo, ac wrth i'r ffrindiau ddechrau ar eu taith tuag at neuadd Pontirgorffennol. 'Rhaid i mi ddysgu sut mae glanio – bydd angen gwneud hyn sawl tro eto,' cwynodd, wedi colli'i wynt yn lân.

'Pryd gawn ni dy weld eto, Cist?' holodd y plant. Doedden nhw ddim am i'w hantur ddod i ben.

'Pan fyddwch chi'n barod,' atebodd Cist. 'Bydda i'n dychwelyd ac yn mynd â chi ar antur arall – megis dechrau yw hyn. Mae'r bydoedd **CLASUROL,** *Rhamantaidd* a **M O D E R N** i'w darganfod eto. Ond y *Baróc (Baa-Roc)* yw'r sialens i chi – achubwch eu straeon a'u cerddoriaeth, fel y gwnaethoch fy achub i!'

Cyn i'r plant fedru ffarwelio, roedd Cist wedi codi i'r awyr a diflannu i dywyllwch y nos.

> **Rocambolesco:**
> Gair Eidaleg wedi'i seilio ar yr arwr dewr Rocambole, prif gymeriad cyfres o nofelau Ffrengig gan Pierre Alexis Ponson du Terrail. Cyhoeddwyd y stori gyntaf yn 1857. Mae enw Rocambole yn medru cael ei ddefnyddio i gyfeirio at anturiaethau cyffrous – fel hon.

Accelerando – 'yn gyflym' mewn Eidaleg.

Dod yn Ôl

PENNOD 14
Megis Dechrau!

'Wnaeth hwnna i gyd ddigwydd go iawn?' holodd Megan. Gobeithiai fod y cyfan yn wir, er iddo deimlo fel breuddwyd. 'Fedrwn ni ddim gadael iddyn nhw ddiflannu, fedrwn ni, Jac?'

'Wnawn ni ddim. Cofia, Megan – mae mor syml ag **A B C** – **Amdani, Blant Cymru!** – mae modd gwneud unrhyw beth, ond i ni gredu ynon ni'n hunain!'

Wrth iddyn nhw gerdded ar hyd eu stryd, sylwodd Jac ar ddarn o bapur roedd yr awel yn ei chwythu tuag atyn nhw. Estynnodd i'w ddal a gweld mai llythyr iddyn nhw oedd yn ei ddwylo.

Cari amici,

Erbyn i chi ddarllen hwn fe ddylech fod adre'n ddiogel, ac wedi goroesi un o siwrneiau ofnadwy Cist, yn enwedig y glanio. Mae'n amlwg i ni, o'r ffordd y gwnaethoch ein hamddiffyn rhag Cromwell Creulon, mai chi yw'r rhai sydd wedi eich dewis i achub ein cerddoriaeth, ein straeon, ac Academi Benwan y Cyfansoddwyr. Byddwn yn gweld eich eisiau yma.

Dymuniadau gorau i chi, fy arwyr opera. Cawn gwrdd eto'n fuan …

Con affetto,
Professore Peri
Fflorens, 1633

Cari amici – 'ffrindiau annwyl' mewn Eidaleg.
Con affetto – 'gyda chariad' mewn Eidaleg.

Y Cyfnod Baróc (1597–1750)

Daw'r gair Baróc o *Barroco*, gair Portiwgaleg am berlau o siâp anarferol neu anwastad. Roedd y cyfnod Baróc yn llawn pobl ysbrydoledig oedd yn mentro bod yn 'WAHANOL' ac yn anghonfensiynol. Dechreuodd y bobl yma fynegi eu hunain mewn ffyrdd newydd, cyffrous. Roedd cerddoriaeth 'Bach Brysiog' a 'Herr Handel' yn fwy ffyslyd na'r gerddoriaeth roedd pobl wedi arfer ei chlywed, ond daeth yn boblogaidd mewn dim o dro.

Ond nid y gerddoriaeth yn unig oedd yn newid: roedd athronwyr fel Isaac Newton, dramodwyr fel William Shakespeare, ysgolheigion fel Edward Lhuyd a John Davies o Fallwyd, a seryddwyr fel Galileo yn edrych ar y byd mewn ffordd wahanol. Dyfeisiodd Hans Lippershey y telesgop, a gallai pobl weld y tu hwnt i'n planed ni. Helpodd artistiaid fel Rembrandt ni i edrych ar gelf mewn ffordd newydd.

Enwogion o'r cyfnod Baróc y mae'n werth canfod mwy amdanynt:

Mari, Brenhines yr Alban, William Shakespeare, Elizabeth I, Francis Bacon, Guto Ffowc, Pocahontas, Galileo Galilei, Catherine o Aragon, Ivan IV Vasilyevich, John Calvin, Sandro Botticelli, Shah Jahan, a Paul Rubens. Ac o Gymru: Griffith Jones o Landdowror, Moses Williams, Lewis Morris, Ann Griffiths a Henry Vaughan.

Rhai offerynnau mewn cerddorfa Baróc

Harpsicord Math o biano sy'n creu sŵn plycio, fel tegan cerddorol hen ffasiwn.

Organ Offeryn mawr â phibau gyda phedalau ac allweddell, fel piano. Mae ganddi sain mawr, crand.

Chwythbrennau: Recorder, ffliwt, obo, baswn: Roedd y ffliwt yn y cyfnod Baróc wedi'i gwneud o bren. Erbyn heddiw, offeryn metel yw'r ffliwt.

Offerynnau llinynnol: Ffidil, fiola, soddgrwth, feiol a'r bas dwbl: Mae'r feiol yn debyg i'r ffidil ond mae'n cael ei dal yn fertigol, nid yn llorweddol. Mae ganddi 6 llinyn yn hytrach na'r 4 sydd gan ffidil.

Liwt: Mae'n debyg i'r gitâr ond yn fwy fel siâp wy wedi'i dorri'n ei hanner. Mae ganddi wddf hir a rhaid plycio'r llinynnau, fel telyn.

Pres: Y trwmped a'r corn. Roedd y trwmped yn y cyfnod Baróc yn cael ei alw'n drwmped naturiol, ac yn wahanol i drwmpedau modern, doedd dim falfiau ganddo.

Timpani: Y drymiau mawr sydd i'w gweld yng nghefn y gerddorfa.

Mathau o Leisiau

Mae cantorion opera fel athletwyr Olympaidd; rhaid iddyn nhw hyfforddi eu lleisiau am flynyddoedd er mwyn canu'n berffaith, a chael eu clywed dros sŵn y gerddorfa – heb ficroffon.

Soprano
Llais uchaf merch. Gall nodau uchaf y llais hwn dorri gwydr! Y soprano sy'n chwarae rhan y ferch neu'r dywysoges mewn opera, ac mae fel arfer yn marw ar y diwedd …

Mezzo-soprano
Llais dyfnach na soprano. 'Hanner' yw ystyr *mezzo* mewn Eidaleg, felly mae'n hanner soprano, ond wn i ddim pa hanner – y top neu'r gwaelod! Mae'r mezzo'n chwarae rhan y ferch ddrygionus neu'r wrach, neu'n esgus bod yn fachgen … ydi, mae byd yr opera'n rhyfedd!

Contralto
Y llais isaf i ferch; gall swnio fel sŵn pecial gan ei fod mor isel. Mae'r contralto'n aml yn chwarae rhan y fam-gu neu'r hen forwyn, ac yn gymeriad annwyl.

Uwchdenor
Llais uchaf dyn. Gall fod mor uchel, dim ond fy nghi sy'n medru ei glywed!

Tenor
Llais rhwng bariton ac uwchdenor. Dyma'r llais mwya rhamantus, a'r tenor sydd fel arfer yn chwarae rhan yr arwr ifanc.

Bariton
Llais is na thenor a'r un sydd yn y canol o ran lleisiau dynion. Y bariton sy'n chwarae rhan y tad, y brawd, y gwas, neu'r dihiryn â'i fwstás cyrliog.

Bas
Y llais dyfnaf o leisiau dynion. Gall fod mor swynol nes gwneud i chi fynd i gysgu! Mewn opera, y baswr yn aml sydd â rhan y dewin, y brenin neu'r offeiriad.

Y Cyfansoddwyr

Professore Peri
Dyfeisiwr yr Opera
Enw llawn: Jacopo Peri.
Llysenw: *Il Zazzerino* (neu Eurwallt).
Cenedl: Eidalwr.
Ganwyd: Rhufain, yr Eidal, 1561.
Claddwyd: Fflorens, yr Eidal, 1633.
Arwydd y sidydd: Y llew (â'r mwng euraid!).
Swyddi: Canwr, actor, organydd, cyfansoddwr.
Ffrindiau: Camerata di Bardi, gan gynnwys Galileo (darllenwch amdano).
Ffrindiau gorau: Jacopo Corsi a'r Iarll Giovanni de Bardi – bois da!
Hoff fwyd: Cyw iâr Peri Peri.
Operâu: *Dafne* (1598), *Euridice* (1600), *La Flora* (1628).
Swydd yn yr Academi: Y prifathro (y bòs!).

Francesca Fantastica
Y Gyfansoddwraig Opera Gyntaf
Enw llawn: Francesca Caccini.
Llysenw: *La Cecchina* (aderyn sy'n canu).
Cenedl: Eidalwraig.
Ganwyd: Fflorens, yr Eidal, 1587.
Claddwyd: Fflorens, yr Eidal, 1640.
Arwydd y sidydd: Y forwyn (dynes ddewr, gref – *fantastica*).
Swyddi: Cantores, yn chwarae'r liwt, y delyn, yr harpsicord, y theorbo (sy'n debyg i'r liwt) a'r gitâr, bardd, cyfansoddwraig, athrawes gerdd.
Ffrindiau: Y teulu hynod gyfoethog a phwerus, y Medici.
Papà: Giulio Caccini (oedd hefyd yn gyfansoddwr gwych).
Operâu: *La liberazione di Ruggiero dall'isola d'Alcina* (1625) – AM LOND CEG!
Swydd yn yr Academi: Cadw trefn ar y dynion.

Lully Anlwcus
Papa yr Opera yn Ffrainc

Enw llawn: Jean-Baptiste Lully yn Ffrainc, a Giovanni Battista Lulli yn yr Eidal.
Llysenw: Anlwcus, neu *Quel Désastre*.
Cenedl: Eidalwr, a Ffrancwr o 1661 ymlaen.
Ganwyd: Fflorens, yr Eidal, 1632.
Claddwyd: Paris, Ffrainc, 1687.
Teitlau: Llywodraethwr y Gerddoriaeth Frenhinol a Phennaeth Cerddoriaeth y Teulu Brenhinol.
Arwydd y sidydd: Y sgorpion (gall eich pigo!).
Ffaith ddifyr: Anafodd Lully ei droed drwy ei tharo â'r ffon fawr a ddefnyddiai wrth arwain cerddorfa. Aeth y clwyf yn heintus, a bu farw (druan!).
Swyddi: Roedd yn chwarae'r ffidil, yn cyfansoddi, yn dawnsio, ac yn gyfarwyddwr yr Académie Royale de Musique.
Ffrindiau: Molière (llenor Ffrengig gwych), Y Brenin Louis XIV (sydd ar fai am yr holl wigs gwirion, ac yntau'n frenin MOEL).
Gwraig: Madeleine Lambert. (Roedd ei thad, Michel Lambert, yn ganwr enwog.)
Operâu: *Atys* (1676), *Isis* (1677), *Roland* (1685) a *Le Temple de la Paix* (1685).
Swydd yn yr Academi: Swyddog Iechyd a Diogelwch.

Handel Hanfodol
Cyfansoddwr Enwoca'r Almaen

Enw llawn: Georg Friedrich Händel.
Cenedl: Almaenwr a Sais.
Ganwyd: Halle an der Saale, yr Almaen, 1685.
Claddwyd: Abaty Westminster, Llundain, 1759. Mae sawl cyfansoddwr wedi'i gladdu yno felly bydd angen chwilio amdano'n ofalus.
Pam ei fod e'n benisel: Roedd yn gofidio drwy'r amser fod ganddo ormod o waith cyfansoddi ar ei blât.
Arwydd y sidydd: Y cariwr dŵr (fel Mozart – falle y cawn gwrdd â Mozart y tro nesa).
Rhieni: Valentin Handel ac Anna Belching, gofaint copr.
Swyddi: Côr-fachgen, cyfansoddwr, Cyfarwyddwr Cerdd yr Academi Gerdd Frenhinol, Kapellmeister George, Etholydd Hanover (Handel oedd yng ngofal y gerddoriaeth). Daeth y George hwn yn George I, brenin Lloegr.
Ffrindiau: Y Brenin George I.
Operâu: 42, gan gynnwys *Music for the Royal Fireworks* (1749) pan ddaeth dros 12,000 o bobl i wylio'r tân gwyllt.
Swydd yn yr Academi: Gofalwr.

Maestro Monte
Papà dell' Opera
Enw llawn: Claudio Giovanni Antonio Monteverdi.
Llysenw: Mynydd Gwyrdd neu Hen Surbwch.
Cenedl: Eidalwr.
Ganwyd: Cremona, yr Eidal, 1567.
Claddwyd: Fenis, yr Eidal, 1643.
Arwydd y sidydd: Y tarw (llawn angerdd a thymer wyllt).
Swyddi: Chwarae'r ffidil, côr-feistr, cyfansoddwr, offeiriad Catholig.
Gwraig: Claudia Cattaneo.
Plant: 3 mynydd bach gwyrdd: Massimilino, Francesco a Leonora.
Operâu: *L'Orfeo* (1607), *L'Arianna* (1608), *Il ballo delle integrate* (1608), *Il combattimento di Tancredi et Clorinda* (1624), *Il ritorno d'Ulisse in patria* (1639), *L'incoronazione di Poppea* (1642).
Hoff ffilm: The Full Monteverdi.
Swydd yn yr Academi: Swyddog Datblygu a Chydweithio.

Doc Blow
Cyfansoddwr Opera Cyntaf Lloegr
Enw llawn: Doctor John Blow (mae'n chwa o awyr iach).
Cenedl: Sais.
Ganwyd: Nottingham, 1649.
Claddwyd: Abaty Westminster, Llundain, 1708 (o dan yr organ).
Arwydd y sidydd: Y pysgodyn (tybed oedd e'n medru nofio?).
Swyddi: Organydd Abaty Westminster, athro, cerddor personol y Brenin Iago II, côr-feistr Eglwys Gadeiriol St Paul's, cyfansoddwr.
Ffrindiau: Purcell Perffaith a Siarl II (y brenin a hoffai bartïon).
Gwraig: Elizabeth Braddock.
Plant: 4
Swyddi braf: Cyfansoddwr y Capel Brenhinol a Meistr y Plant.
Opera: *Venus and Adonis* (1683).
Swydd yn yr Academi: Swyddog Iechyd a Lles.

Y Cyfansoddwyr

Purcell Perffaith
Y Prif Gyfansoddwr Opera yn Lloegr am 3 Canrif

Enw llawn: Henry Purcell.
Llysenw: Sochyn (daw 'Purcell' o'r gair Ffrangeg Normanaidd *pourcel*, sef mochyn bach).
Cenedl: Sais.
Ganwyd: Westminster, Llundain, 1659.
Claddwyd: Abaty Westminster, Llundain, 1695.
Arwydd y sidydd: Y llew (edrychwch ar ei fwng o wallt).
Swyddi: Organydd Abaty Westminster, cyfansoddwr.
Hoff fwyd: Cinio dydd Sul.
Teulu: Mam, Dad a dau frawd, a phawb yn gerddorion CYFOETHOG a THALENTOG.
Ffaith: Erbyn bod Purcell yn 11 oed, roedd wedi sgwennu cân i Siarl II. Roedd wedi dechrau cyfansoddi pan oedd yn 9 oed! Bu farw'n ifanc yn 36 oed – hen dro.
Marwolaeth amheus: Bu farw naill ai wedi iddo ddal annwyd, neu wedi iddo fwyta gormod o siocled (dyna rybudd i chi ... peidiwch â dal annwyd).
Operâu: *Dido and Aeneas* (1688), *Dioclesian* (1690), *King Arthur* (1691), *The Fairy-Queen* (1692), a *Timon of Athens* (1695).
Swydd yn yr Academi: Gwneuthurwr siocled.

Cyfansoddwyr Baróc Eraill

Arcangelo Corelli (1653-1713)

Roedd Corelli, y cyfansoddwr Eidalaidd, yn chwarae'r ffidil. Ef oedd athro Handel Hanfodol. Er bod ei gerddoriaeth yn boblogaidd, gwrthododd gyhoeddi dim tra oedd yn fyw. Claddwyd ef yn y Pantheon yn Rhufain.

Antonio Vivaldi (1678-1741)

Cyfansoddodd Vivaldi o Fenis dros 500 consierto, ac roedd yn offeiriad ordeiniedig, fel Maestro Monte. Ei lysenw oedd *Il Prete Rosso* (yr Offeiriad Coch), oherwydd lliw ei wallt. Roedd yn ddyn cyfoethog ond bu farw'n dlotyn am iddo wario'r cyfan. Roedd hefyd yn dioddef o asthma.

Girolamo Frescobaldi (1583-1643)

Roedd Frescobaldi yn ddyn pwysig yn llys y Medici yn Fflorens. (Er ei lwyddiant, byddai'n hwyr i bob digwyddiad, a Girolamo fyddai'r OLA i gyrraedd ... welwch chi'r jôc?!)

Alessandro Scarlatti (1660-1725)

Sgwennodd Scarlatti dros 100 o operâu, a 600 o gantatas ac oratorios (mae oratorio'n debyg i opera ond does dim symud na dawnsio ynddi). Roedd chwaer Scarlatti yn gantores opera.

Domenico Scarlatti (1685-1757)

Chweched mab Alessandro Scarlatti. Roedd Domenico yn ffrindiau mawr â Handel ac yn gyfansoddwr penigamp.

Giovanni Battista Pergolesi (1710-1736)

Creodd Pergolesi ac Alessandro Scarlatti fath newydd o opera – *opera buffa* – operâu gwirion a doniol a ddaeth yn boblogaidd (wedi'r cyfan, mae pawb yn hoffi chwerthin). Cyfansoddodd Pergolesi gerddoriaeth grefyddol hefyd – gwrandewch ar ei *Stabat Mater*.

François Couperin (1668-1733)

Galwyd y Ffrancwr hwn yn *Couperin le Grand* (Couperin Fawr). Roedd y teulu'n llawn cyfansoddwyr gwych, ond roedd Couperin yn arbennig o dalentog.

Marc-Antoine Charpentier (1643-1704)

Roedd y Brenin Louis XIV mor hoff o gerddoriaeth Charpentier, cynigiodd bensiwn go iawn iddo yn 1683 – doedd neb arall yn cael pensiwn yn y cyfnod hwnnw!

Jean-Philippe Rameau (1683-1764)

Fe'i ganwyd yn Dijon – ie, cartref y mwstard! Pan fu farw yn 1764, daeth dros 1500 o bobl i'r angladd, a bu dros 180 o gerddorion yn perfformio yno. Ffiw, am sesiwn hir.

Johann Sebastian Bach (1685-1750)

Roedd y cyfansoddwr bychan hwn yn grwt prysur iawn. Hanai o deulu hynod dalentog, sgwennodd dros 1000 o ddarnau … ac roedd ganddo 20 o blant.

Georg Philipp Telemann (1681-1767)

Sgwennodd Georg dros 601 o ddarnau a gallai chwarae 10 offeryn. Dyna beth yw band un dyn!

Michael Praetorius (1571-1621)

Gallai siarad sawl iaith ac roedd yn organydd gwerth chweil. Martin Luther oedd ei athro diwinyddol.

Johann Hermann Schein (1586-1630)

Cyfansoddwr Almaenig o'r cyfnod Baróc cynnar. Roedd yn un o'r rhai cyntaf i gyflwyno technegau cerddorol Eidalaidd i gerddoriaeth Almaenig, ac roedd yn un o gyfansoddwyr gorau'r cyfnod.

Samuel Scheidt (1587-1653)

Cyfansoddwr o'r Almaen, organydd ac athro yn y cyfnod Baróc cynnar.

Heinrich Schütz (1585-1672)

Cyfansoddwr ac organydd. Mae'n cael ei ystyried fel y cyfansoddwr Almaenig pwysicaf cyn Johann Sebastian Bach.

Ac mae mwy o gyfansoddwyr i'w darganfod!

Cwrdd â'r Criw

Jac
Oedran: 9.
Enw llawn: Jac Llwyd Jones.
Cenedl: Cymro/Jamaicad.
Ganwyd: Pontirgorffennol.
Ysgol: Blwyddyn 5, Ysgol Gynradd Pontirgorffennol.
Swyddi: Disgybl ysgol ac arwr yr opera.
Arwydd y Sidydd: Yr efeilliaid.
Ffrind gorau: Megan.
Hoff fwyd: Cyw iâr sbeislyd a reis – rysáit Mam-gu o'r Caribî!
Hoff ddiddordebau: Pêl-droed, rygbi, cerddoriaeth rap, anturiaethau yng nghwmni Megan.

Megan
Oedran: 10.
Enw llawn: Megan Branwen Evans.
Cenedl: Cymraes.
Ganwyd: Pontirgorffennol.
Ysgol: Blwyddyn 5, Ysgol Gynradd Pontirgorffennol.
Swyddi: Disgybl ysgol ac arwres yr opera.
Arwydd y Sidydd: Y pysgodyn.
Ffrind gorau: Jac.
Hoff fwyd: Cinio dydd Sul Dad.
Hoff ddiddordebau: Darllen, pêl-droed, canu yn y côr, anturiaethau yng nghwmni Jac.

Mam-gu
Oedran: 79.
Enw llawn: Irie Cedella Jones.
Cenedl: Jamaicad.
Ganwyd: Stoney Hill, Jamaica, 1940.
Arwydd y Sidydd: Yr afr.
Hoff fwyd: Cyw iâr sbeislyd (rysáit o Jamaica).
Hoff bethau: Coginio, adrodd stori, ei hŵyr Jac, ei mab William (tad Jac), teulu a ffrindiau.
Ffrind gorau: Mrs Phillips, rhif 7.
Gŵr: Jac Williams Jones; yn drist iawn, bu farw Jac.

Cist
Oedran: 500+.
Enw llawn: Cist.
Cenedl: Rhyngwladol.
Ganwyd: Pwy a ŵyr?
Swydd: Teithiwr drwy amser.
Ffrindiau gorau: Megan, Jac, a chyfansoddwyr ledled y byd.
Swydd yn yr Academi: Ceidwad.

Cwestiynau ac Atebion

Beth yw cyfansoddwr?
Y cyfansoddwr sy'n sgwennu'r gerddoriaeth ac yn rhoi bywyd i'r stori.

Beth yw libretydd?
Mae'r libretydd yn sgwennu'r geiriau sy'n cael eu canu gyda cherddoriaeth y cyfansoddwr.

Beth yw'r libreto?
Y libreto yw geiriau'r opera.

Felly beth yw opera?
Stori wedi'i gosod ar gerddoriaeth yw opera. Slawer dydd, dim ond mewn palasau a thai crand yr oedd modd gweld opera, ond bellach mae modd gweld opera mewn pob mathau o lefydd: yn y theatr, ar y teledu, mewn eglwys, ysgol, a sawl lle arall. Falle fod perfformiad yn eich ardal! Mae'r cantorion yn cyflwyno'r stori ar lwyfan, a'r gerddorfa o'u blaenau ond ar lefel is – yn y pwll.

Beth yw cerddorfa?
Criw o offerynwyr dan ofal arweinydd, a nhw sy'n cyfeilio i'r cantorion ar y llwyfan. Ceir pob math o offerynnau mewn cerddorfa, gan gynnwys llinynnau, chwythbrennau, pres ac offerynnau taro.

Beth yw'r enw ar gân mewn opera?
Aria yw'r gân sy'n cael ei chanu gan un person mewn opera. Mae'n golygu 'arddull' neu 'steil' mewn Eidaleg.

Beth yw'r gair am ddau berson yn canu efo'i gilydd?
Deuawd. Pan mae tri yn canu efo'i gilydd, mae'n driawd, pedwar yn bedwarawd, pump yn bumawd ... welwch chi'r patrwm?

Beth yw *ensemble*?
Os oes mwy na dau berson yn canu gyda'i gilydd, dyna yw *ensemble*.

Beth yw corws?
Criw o bobl yn canu gyda'i gilydd mewn opera, er mwyn adrodd y stori, yw'r corws. Yn aml mae'r rhain yn filwyr, tylwyth teg neu offeiriaid. Gall rhannau'r corws fod yn gyffrous.

Beth yw agorawd?
Y darn o gerddoriaeth ar ddechrau opera, cyn i bethau ddigwydd go iawn. Slawer dydd, roedd yr agorawd yn gyfle i bobl stopio siarad cyn y perfformiad!

Beth yw'r set?
Hwn sy'n dangos lleoliad yr opera (dinas, cefn gwlad, castell, ac ati). Mae gwisgoedd y cymeriadau'n help i ni ddilyn y stori a gwybod ym mha gyfnod mae hi wedi'i gosod.